AF336877

M. FRÉDÉRIC OZANAM.

(Extrait du JOURNAL DES BONS EXEMPLES.)

M. FRÉDÉRIC OZANAM.

Je n'ai ni la prétention ni l'espérance de rien ajouter aux éloges que tant d'âmes ont répandus avec des larmes sur la tombe de M. Frédéric Ozanam.

Je suis un des derniers parmi la foule de jeunes gens que sa parole captivait et conduisait, je suis le plus jeune et le moins digne de ceux qu'il appela du nom d'ami.

J'ai seulement voulu, pour occuper mes regrets, fixer des souvenirs devenus sacrés, retrouver dans mes impressions personnelles quelques traits auxquels cette noble figure sera facilement reconnue des siens, et faire comprendre peut-être à ceux qui ne le connaissaient pas pourquoi nous l'avons tant aimé.

Pourquoi nous l'avons tant aimé ! Hélas ! nous ne saurons jamais assez répondre à cette pieuse question de nos cœurs ! Dieu seul a bien connu les secrets trésors de cette âme vraiment riche. Nous qui vivions près de lui, nous jouissions du charme indéfinissable de sa sagesse et de sa douceur ; mais, trompés que nous étions sans cesse par les voiles dont s'entourait sa modestie, « en l'aimant et en l'honorant beaucoup, nous ne savions pas

« à quel point nous devions l'admirer (1). » C'est le signe des saints, que Dieu seul est assez grand pour les connaître. Ne l'essayons donc plus, faibles que nous sommes ; approchons-nous seulement de ce tombeau, et là méditons ce que chacun de nous a pu saisir dans les enseignements de cette belle carrière.

I

Je me propose de suivre d'abord M. Ozanam dans l'accomplissement de sa mission scientifique, réservant à une seconde partie des souvenirs plus intimes.

Le premier enseignement que donne sa laborieuse vie, c'est de travailler non pour soi ni pour les hommes, mais pour la vérité, pour Dieu. Ceux qui ont eu l'honneur d'approcher souvent M. Ozanam savent que cette pensée a dirigé, inspiré, dominé sa vie. Ses œuvres littéraires y ont puisé tout leur éclat comme ses actions toute leur vertu, et l'on peut dire vraiment que la science abondait en son âme de la même source que la charité. De là vient le caractère original et frappant de sa vie littéraire, qui fut constamment une œuvre d'apostolat, un effort au service de Dieu. Beaucoup d'autres ont raconté les études et les travaux qui, durant une sérieuse jeunesse, préparèrent les brillants succès de la Sorbonne ; mais nous ne voulons pas oublier que ce vrai chrétien, avant chacune de ses savantes leçons, au moment de quitter sa demeure pour paraître devant son auditoire, s'agenouillait et demandait à Dieu la grâce de faire, pour sa gloire, un peu de bien. La même éloquence que nous applaudissions à la Sorbonne le suivait dans ces réunions où il entraînait tant de jeunes gens au nom de la charité, et de là, sans doute, dans quelque mansarde, auprès d'un malade ou d'un pauvre, qu'il allait encourager et soutenir comme il venait d'enseigner, pour l'amour de Jésus-Christ. Mais que pourrions-nous dire à cet égard, après que lui-même, dans ses derniers jours et presque au seuil de l'éternité, s'est rendu ce consolant témoignage : « Si

(1) J.-J. Ampère, *Journal des Débats* des 9 et 12 octobre 1853.

« une chose me console de quitter la terre, disait-il, avant d'y
« avoir fait ce que j'ai voulu, c'est que je n'ai jamais travaillé
« pour les louanges des hommes, mais pour le service de la vé-
« rité. » Quels aveux d'une âme qui supportait le moindre éloge
comme avec impatience ! La vocation de la science est belle,
quand elle tombe ainsi au cœur d'un apôtre ; ses luttes, ses ardeurs, ses triomphes reçoivent de la foi religieuse une étonnante
consécration. C'était le secret de la grande âme que nous avons
perdue ; et les admirateurs de son talent ne devront pas oublier
qu'il puisa toujours à la source d'une foi pratiquée jusqu'au
scrupule les plus brillantes et les plus chaudes lumières de son
génie. C'est l'humble et amoureuse soumission de cette âme aux
dogmes de notre religion qui lui donna les forces d'une éloquence vraiment entraînante parce qu'elle était entraînée, qui
la remplit de ce dévouement dont personne n'a pu maîtriser les
ardeurs et qu'elle a suivi jusqu'au martyre. Qui de nous n'a entendu notre cher maître repousser toute invitation au repos
comme une demande de faiblesse ou de trahison ? Quand nous
lui disions : « Vous compromettez vos jours... cessez votre travail, » il répondait vivement et avec impatience : « Non, j'ai un
« devoir à remplir. Que diriez- vous d'un soldat qui quitterait
« le combat par peur de la mort ? Je dois rester à mon poste...
« j'y mourrai s'il faut y mourir. » Ce courage dans le travail
ne l'a pas un instant abandonné ; il a lutté jusqu'au dernier jour,
il est vraiment tombé dans le combat, et nous pouvons entendre
dans ce sacrifice comme un prolongement du divin langage de
l'apôtre, quand il dit : « Nous voulions vous donner non seu-
« lement la parole de Dieu, mais encore notre vie et notre âme,
« tant vous nous étiez devenus chers (1). »

Et afin qu'on ne voie pas dans cette ardeur infatigable une
pure passion pour la science, il faut savoir de quel point de vue
M. Ozanam envisageait le travail de l'esprit. Il en toucha un mot
dans l'introduction de ce grand ouvrage que la mort est venue
interrompre, et qu'il semblait vouloir laisser à ses amis comme
son testament littéraire ; j'y ai lu cette pensée : « ... J'écris
« parce que, Dieu ne m'ayant pas donné la force de conduire une
« charrue, il faut néanmoins que j'obéisse à la loi du travail, *et*

____

(1) S. Paul, Thess. I, 2.

« *que je fasse ma journée* (1). » Voilà le travail dans le simple et
sévère souvenir de la doctrine chrétienne : un labeur, une peine,
une expiation, *une journée à faire*. Quelle leçon pour nous !
Où en sommes-nous avec nos vaniteuses ambitions de vie scientifique, avec nos délicatesses et nos frivolités de vie littéraire ?
Ah ! que le modèle est ici loin de nous ! M. Ozanam aimait à dire :
« Je gagne mon pain. » Il pensait alors à Joseph travaillant dans
l'atelier de Nazareth, et ce souvenir lui avait inspiré quelques
vers charmants où il disait :

> ... Je suis un ouvrier, un obscur mercenaire
> Qui travaille humblement dans l'atelier du Père...

Il travaillait en effet par obéissance à Dieu ; il apprenait par
devoir : aussi apprenait-il toujours. Je l'ai vu souvent, profitant
des instants de calme qu'il pouvait dérober aux souffrances d'une
maladie déjà menaçante, reproduire en analyse, sur un cahier
destiné à cet usage, la lecture de la veille ou du matin. Ses amis
savent que ses lettres portent la marque d'un travail. Presque
toutes ont leurs corrections, leurs ratures ; c'est le changement
d'une phrase inharmonique, un synonyme à la place du mot ré-
pété. Cette attention à tout bien faire, même les petites choses,
à soigner ses lettres, celles même qu'il adressait aux plus jeunes
de ses élèves, devenait un effort sérieux dès qu'il mettait la main
à un travail de quelque importance. Alors il corrigeait et reco-
piait, pour corriger quelquefois et recopier encore, sans s'arrêter à des demi-contentements, mais jusqu'à ce qu'il eût atteint
l'expression voulue, le mouvement cherché. Je ne demanderai
pas qu'on me pardonne ces détails, ils ont leur importance dans
un temps où l'on a parlé beaucoup de la facilité littéraire. Les
littérateurs *faciles*, comme on l'entend, sont si difficiles à lire,
que les bons esprits en sont absolument incapables. Dans ce
sens, il est inutile de dire que M. Ozanam n'est pas un littérateur
facile. Mais si par la facilité du style on veut entendre cet instru-
ment souple et gracieux que dirige librement une pensée maî-
tresse, comme est une riche harmonie au service d'un génie mu-
sical, alors nous tenons pour certain que M. Ozanam était vrai-

---

(1) Introduction à l'*Histoire de la civilisation aux temps barbares.*

ment doué de cette facilité digne et noble. Mais il est une plus haute considération par où je veux terminer ce que j'ai osé dire, bien indigne que je sois, sur le travail de cet excellent esprit ; c'est qu'il y cherchait toujours le progrès. Il l'y cherchait encore par principes, j'oserai dire par vertu, comme il le cherchait en morale dans sa charité, en religion dans son amour pour Dieu.

Hélas ! aurons-nous le courage de le suivre dans cette marche ardente, sans repos, sans relâche, où il a consumé si vite tout un trésor de forces et de jeunesse ? Je relisais hier ces deux admirables leçons où, dans les derniers jours de son éloquence, il jetait les fondements de toute une philosophie de l'histoire sur la grande idée du *progrès chrétien,* dont on peut dire que son âme était désormais possédée. Il avait inscrit au fronton de ce temple scientifique, dont il méditait dans ses rêves la sainte architecture, cette parole éternelle du Verbe : *Estote perfecti ;* et nous devinons que, transportée d'un désir divin, cette âme ardente, aussitôt repliée sur elle-même, y poursuivait encore, sous le regard seul de Dieu, ce même idéal de la perfection...

Le monde est mal fait pour de tels hommes.

Il avait dit peu de temps avant sa mort : « ... La doctrine « née de l'inspiration chrétienne reconnaît le progrès dans la « victoire de l'esprit sur la chair; » c'est une croyance « qui « porte la guerre dans l'homme..., qui ne promet rien qu'au « prix du combat (1). » Cette *guerre intérieure* était la dernière lutte de l'ange contre l'homme; elle ne devait plus durer long-temps.

Je n'ajouterai rien aux enseignements que nous avons trouvés dans les exemples de sa vie scientifique. Elle nous dit que le travail chrétien doit avoir Dieu pour but, le courage et l'humilité pour vertus, le progrès pour loi. A ceux-là cependant qui chercheraient encore le secret de sa grande influence sur nos âmes, je puis donner encore une réponse. Il y a presque un an, Ozanam, quittant les Pyrénées pour l'Italie, passa par Toulouse; il visita la vieille basilique de Saint-Sernin et s'agenouilla au tombeau de saint Thomas d'Aquin. Peu de jours après, il m'écrivait ces lignes : « J'ai prié ce grand serviteur de Dieu pour la renais- « sance de la science catholique pour tous ceux qui la servent,

____

(1) Ozanam, *Du progrès dans les siècles de décadence,* p. 6.

« pour les jeunes gens surtout qui la continueront, et très-parti-
« culièrement (ici quelques noms privilégiés)... Je vous deman-
« derai, ajoutait-il, de le leur répéter, afin qu'ils me fassent une
« place dans leurs prières; j'en ai besoin. » Ces pensées sont
bien simples, sans apprêt; on y voit le naturel de l'habitude;
mais devons-nous faire sentir tout ce qu'elles contiennent en
germe de force et de puissance? Que ne feront pas des maîtres
qui parleront ce langage à leurs disciples? Quelle force n'auront
pas des esprits cimentés par une telle union, et de quelles œuvres
les pourrait-on dire incapables, après que leur science a fait
comme un pacte avec Dieu?

Nous avons jeté un regard inhabile sur ce qu'il conviendrait
d'appeler les *vertus d'esprit* de M. Ozanam. Sa carrière scientifique peut se résumer en un mot : elle a été un apostolat.

II

Sa vie intime est marquée d'un triple caractère de charité
pour les pauvres, de foi religieuse et d'ardent amour; car Dieu
voulut douer cette âme d'une très-grande puissance d'aimer.

M. Ozanam a beaucoup servi les pauvres; il les traitait avec
affection, avec respect. Quand il leur avait donné son argent et
sa parole, avant de repasser le seuil de leur misère, il ôtait son
chapeau, saluait la pauvre famille groupée près de la porte et
n'oubliait pas de dire très-gracieusement : « Je suis votre servi-
« teur. » Le jour de l'an, il fallait qu'ils eussent de lui leurs
étrennes. Au saint jour de Pâques, quand, après la communion
générale, nous sortions de Notre-Dame, il prétextait quelquefois
une course à faire et nous quittait. Notre indiscrétion a su dé-
couvrir qu'il allait acheter du pain et le porter à ses pauvres; il
faisait ainsi son action de grâces. Son illustre ami, M. Ampère, a
raconté d'une façon touchante comment à Londres, où il allait en
1851 visiter la grande exposition de l'industrie, il oublia souvent les splendeurs du *Palais de Cristal* sous les caves habi-
tées par les pauvres catholiques d'Irlande. Nous ne saurions donner plus de détails. Il y aurait sans doute beaucoup à dire, mais

ici nous savons très-peu de chose. Dieu seul pénètre dans le sanctuaire où les âmes humbles cachent les souvenirs de leurs bienfaits; nous parlerons donc seulement des œuvres qu'il a faites au grand jour et des élans publics de sa charité. C'était une charité bien inspirée. On sait que dans sa jeunesse il avait eu l'honneur de fonder avec quelques amis notre société de Saint-Vincent de Paul; depuis ce temps, ses œuvres avaient été comptées par autant d'innovations ingénieuses et bienfaisantes. J'étais auprès de lui, quand, déjà souffrant et menacé, il s'efforçait de fonder aux Eaux-Bonnes un hôpital pour les malades pauvres, et j'ai pu mesurer, à l'ardeur de ses exhortations et de ses désirs, la profondeur de sa sainte pitié.

Nous avons parlé de son éloquence; c'est maintenant surtout qu'elle doit être dans nos souvenirs. J'en appelle à mes jeunes frères de la société de Saint-Vincent de Paul : quelqu'un sut-il jamais mieux que lui soutenir l'effort, quelquefois lassé, de nos âmes, relever en elles les généreuses résolutions, y réchauffer les bons désirs?

Mais l'inspiration n'était pas le seul charme extérieur de sa charité; je lui connais un second caractère frappant : c'était une charité impartiale. Comment pourrai-je exprimer cette large et haute façon de bien faire qui lui montrait, dans toutes les occasions de soulager un malheur, de véritables bonnes fortunes? Il ne voulait pas qu'on s'inquiétât de la foi du pauvre, avant d'avoir porté secours à sa misère, et sur ce point il n'entendait point contradiction. Je me rappelle un charmant exemple à l'appui de ces lignes. C'était dans une réunion de charité. Un jeune pasteur de l'église protestante avait eu la noble pensée de confier à une société catholique une somme pour les besoins des pauvres; c'était le fruit d'une collecte faite parmi ceux de sa religion. M. Ozanam l'accepte, nous l'apporte, et raconte, tout plein de joie, de quelle main il l'a reçue. Un de nos confrères, homme pratique et bien avisé, prend la parole, et, après avoir fait en quelques mots l'éloge de la tolérance en matière de religion, il nous conseille de consacrer d'abord nos secours aux pauvres catholiques, et aux dissidents de donner seulement le surplus. Rendons-lui justice : il n'ajouta pas : « S'il en reste. » Pendant qu'il parlait, je voyais le visage de M. Ozanam se contracter d'impatience. Je devinais, au frémissement de sa main qu'il passait et repassait dans ses longs cheveux, l'approche d'une de ces explosions dont il pouvait rarement comprimer les flammes. « Messieurs, s'écrie-t-il tout à coup, si cet avis a le « malheur de prévaloir, s'il n'est pas bien entendu que nous se- « courons les pauvres, sans distinction de culte, je vais de ce « pas reporter aux protestants les secours qu'ils m'ont remis ; « je leur dirai : Reprenez-les, nous n'étions pas dignes de vo- « tre confiance ! » Je puis assurer qu'on n'alla pas aux voix. Peut-être cette leçon ne sera-t-elle pas inutile à certains d'entre nous, qui croient honorer Dieu par un zèle mal entendu, ou- bliant que le corps de Jésus-Christ est partout où il y a une nu- dité à vêtir, une larme à essuyer, une âme à plaindre.

Quand j'ai voulu, recueillant mes souvenirs, me rendre compte à moi-même de ce qui caractérise la foi de M. Ozanam, je l'ai reconnue à deux traits frappants : c'était une foi courageuse, c'était une foi tolérante. M. Ozanam avait excellemment ce que l'on a appelé *le courage de son opinion ;* il la disait toujours ou presque toujours. Qu'il eût affaire à de grands personnages ou à des enfants, qu'il fût en tête à tête avec un seul ou assis à une table de cinquante couverts, il relevait le défi et faisait toujours respecter sa foi. Nous qui savions combien sa nature ar- dente avait besoin de calme, nous tentions en vain de le retenir ; il fallait bien voir passer l'orage et admirer ensuite les fruits toujours heureux de ces brillantes saillies. Je pourrais citer des exemples, j'en sais plusieurs et de charmants ; mais le temps me presse. Il savait aussi très à propos *faire la leçon*, aux jeunes gens surtout ; et il ne la manquait jamais, quand il était cer- tain qu'elle pût être utile. Témoin ce conscrit gaillard et beau parleur qui, en diligence, ayant entrepris, sur le ton d'une sé- duisante causette, une jeune fille assise auprès de lui, reçoit tout à coup de M. Ozanam une si nette invitation à se taire. « Un conscrit doit-il se tenir pour battu ? — Monsieur, répond « notre chevalier, de quel droit me parlez-vous ainsi ? Je n'ai « pas de leçons à recevoir de vous. — Mon ami, c'est ce qui « vous trompe, car précisément je suis payé par l'État pour « vous en faire. » Que de bonnes choses ont ainsi passé à la faveur d'un bon mot ! Je ne puis me rappeler maintenant, sans une délicate émotion, certaines réprimandes que j'ai reçues de cet excellent cœur. Je raillais un jour quelqu'un, et c'était un

absent. M. Ozanam ne riait pas, puis il me fit sentir doucement que j'avais eu tort; mais je le comprenais surtout à l'im-
pression pénible que je lisais sur un front incapable de dissi-
muler ce que la droite justice avait souffert.

La sincérité de son opinion et le courage de sa foi l'accompa-
gnaient dans les assemblées publiques, dans la mêlée des partis
politiques ou des hautes discussions religieuses. Ce n'est pas
qu'il eût commencé, ainsi que nous, par une secrète faiblesse;
mais il avait pu connaître dès ses jeunes années de ces âmes
d'élite dont l'exemple est puissant, et qui l'avaient de bonne
heure déshabitué des vaines craintes. Il racontait lui-même ces
jours douteux où, fatigué des luttes qu'il fallait soutenir sans
cesse contre les autres et contre soi-même, il sentait bouillonner
en son âme comme un amer reproche pour cette foi qui lui demandait tant de sacrifices. Il entrait alors à l'église, machinale-
ment peut-être, et par habitude; mais voilà que dans un coin
retiré, parmi les *bonnes femmes* de Saint-Étienne-du-Mont, un
homme agenouillé priait... Le jeune Ozanam l'avait reconnu; il
s'arrêtait; son cœur battait avec force; il contemplait l'illustra-
tion de toute une époque prosternée devant le bon Dieu, et
quand, après avoir pleuré de honte sur sa lâcheté, il descendait
les degrés de l'église, il ne rougissait plus d'une foi dont s'hono-
rait l'immortel génie d'Ampère. Ah! que son âme, semblable à la
bonne terre de l'Évangile, rendit vraiment au centuple les exemples
qu'il avait recueillis de ce grand homme! Nous-mêmes, chance-
lants ou tombés, que de fois nous avons regardé ce pieux
Ozanam, à genoux sur le pavé du temple, abaissant avec son
front sa science et sa renommée sous la bénédiction du Saint-
Sacrement! Apprenons de lui le courage d'une foi simple et
forte. Si nous avons peur, nous sommes plus faibles qu'il ne le
fut jamais, car il a connu des temps plus périlleux que les nô-
tres. « Nous n'étions plus qu'une poignée, disait-il en par-
« lant des premiers combats de sa carrière, et nous ne nous
« connaissions pas. Vous êtes des milliers, et vous vous con-
« naissez! » Écoutons enfin et acceptons ces paroles qu'il adressait en lettre à un jeune frère tendrement aimé; elles résume-
ront notre pensée mieux que nous : « En sortant de l'asile reli-
« gieux où se passèrent ses premières années, et en se trouvant
« tout à coup au milieu du monde, on est consterné d'abord d'y

« trouver si peu de foi. On s'alarme de ce délaissement uni-
« versel, et il ne manque pas de gens qui vous l'exagèrent en-
« core, les uns par humeur chagrine, les autres par faiblesse,
« quelques uns dans l'espoir d'entraîner par l'exemple. Mais il
« n'y a que les enfants qui aient peur de la solitude ; une âme
« ferme, nourrie aux grands souvenirs de l'histoire, n'ignore
« pas que souvent la vérité et la vertu se trouvèrent isolées parmi
« des multitudes ennemies, et que leur honneur fut de ne pas
« fléchir à l'entraînement général. »

J'ai dit qu'après le courage le caractère principal auquel on
peut connaître la foi de M. Ozanam était *la tolérance :* il était
tolérant en religion, mais il ne l'était pas en morale ; et son cœur,
porté toujours à l'indulgence envers les personnes, avait gardé
pour le mal une certaine horreur incorruptible, presque vio-
lente. Encore devons-nous dire qu'il n'aimait pas à condamner ;
qu'il se retranchait alors, contre son propre jugement, dans les
espaces infinis de la bonté divine, et que si l'on disait devant
lui, en parlant d'un coupable : « C'est un homme perdu, » il
aimait à répondre : « Après cela, je crois que le bon Dieu a un
« secret ; et s'il a un secret, soyez sûr que c'est un secret de
« miséricorde. » On a le droit de penser ainsi quand on est,
comme il fut toujours, trop sévère pour soi. Mais que pourrai-je
dire de cette sage tolérance qu'il apportait aux choses de la
religion ? Ici surtout je sens mon insuffisance, parce que j'ai bien
connu jusqu'à quel degré de perfection il porta cette très-ai-
mable vertu. Certes, on ne doit pas craindre qu'elle eût rien
de commun avec la faiblesse ; nos précédentes pages l'en
défendent. Non, c'était, comme l'a très-heureusement trouvé
son célèbre ami, qu'il faudrait citer toujours, « c'était une
« libéralité de vues qui lui faisaient reconnaître des sympathies
« même hors du camp dans lequel il combattait (1) ; c'était une
« connaissance intime des hommes, qu'une patience douce et
« discrète finira toujours par désarmer ; c'était l'imitation tou-
« chante de notre Seigneur, qui ne brisa jamais le roseau courbé,
« qui n'éteignit pas la lampe encore fumante. » Il vivait d'ail-
leurs dans ce monde universitaire où l'on peut douter s'il y eut
toujours assez de foi, mais où toujours il y eut beaucoup de

(1) J.-J. Ampère, *loc. cit.*

vertus ; et il avait appris de ces vies modestes à connaître *tant d'habitudes chrétiennes*, *de souvenirs salutaires*, *de dispositions favorables*, comme il l'écrivait délicatement, « chez « ceux qui n'étaient pas avec lui (1) ; à estimer ces esprits labo- « rieux qui, sans avoir la foi, l'ont servie du moins par la droi- « ture et la solidité de leur science (2). » Gravons ces bonnes pensées dans nos esprits, elles sont riches de pacifiques triom- phes ; mais surtout, si nous étions un jour appelés à combattre pour la gloire de Dieu, qu'elles soient la règle de nos ardeurs. Nous apprendrons d'elles à respecter nos adversaires même dans la lutte ; elles nous rappelleront qu'une tolérance éclairée fut toujours la sœur et la compagne de la vraie force dans la foi.

Il faut nous hâter ; des moments solennels sont près de nous. Mais, avant d'en finir avec une si belle vie, disons un mot sur cette puissance d'aimer qui en est l'âme et comme la dernière raison. Je m'attacherai seulement à deux points qui me parais- sent avoir été singulièrement remarquables dans le cœur que nous avons perdu : il aima beaucoup de grandes idées, il aima beaucoup ses amis. Il aimait avec passion l'idée du vrai ; c'est la source de sa gloire littéraire. On sait de quel enthousiasme il s'était épris pour le puissant génie de Dante. Il l'avait rencontré sur son chemin dès le début de sa carrière ; il le suivit jusqu'à la fin, découvrant avec lui, « derrière les ombres mouvantes « de la vie, d'immortelles réalités (3). » Mais il aimait surtout l'idée du juste, et son âme déploya dans cet amour une délica- tesse et une sensibilité excessives. La violence, l'injustice révol- taient tout en lui, et il a souffert de nos malheurs publics autant qu'on peut souffrir... Nous avons vu ses larmes et la violence de son chagrin lorsque les saintes espérances de l'Italie, réveillées par Pie IX, s'en allèrent sombrer par débris dans les hasards de la révolution italienne ; et nous ne saurons jamais dire combien ces premières amertumes, suivies bientôt de plus cruelles, contri- buèrent à user dans sa sève son énergique nature. Mais j'ai hâte d'arriver à la dernière pensée de mon travail, à celle qui du moins est pure de nuages et riche de consolations. M. Ozanam

(1) Lettres.
(2) Introduction à l'*Histoire de la civilisation aux temps barbares*.
(3) Ozanam, *Dante ou la philosophie catholique*, introduction.

aimait ses amis comme il aimait la science et la justice, avec une ardeur qu'il ne dédaigna pas de témoigner aux plus petits. Les regrets de ceux qui l'ont connu et tant de travaux déjà groupés autour de son nom lui rendent maintenant témoignage. Nous ne quitterons pas cette pensée sans remercier, au nom de ses nombreux amis et de ses nombreux élèves, ceux qui ont consacré un talent célèbre à lui rendre les derniers devoirs. Nous prierons particulièrement M. Ampère de ne pas refuser la très-humble expression de notre reconnaissance pour l'admirable travail dans lequel il a su, mieux que tous, nous rendre un instant vivante une figure qui nous était si chère (1).

Il admettait volontiers les jeunes gens au partage de cette riche affection « qu'il sut prodiguer sans l'épuiser jamais, » et tous diront qu'en les accueillant il leur a fait beaucoup de bien. Pour moi, s'il m'est permis, en terminant, de rappeler quelques souvenirs, je n'oublierai pas les jours heureux que j'ai eu l'honneur de passer aux Pyrénées près de lui. Son âme était douée comme d'une inclinaison naturelle vers Dieu, qui m'entraînait moi-même, à mon insu. Il m'écoutait d'abord causer de choses légères, il semblait y prendre plaisir ; mais quand nous quittions le rocher ou le tertre où il s'était reposé, nos âmes étaient toujours plus près de Dieu.

Ainsi a vécu M. Ozanam.

Le moment est donc venu de nous séparer de lui. Nous désirons que la dernière pensée consacrée à sa mémoire soit un désir sincère d'imiter les vertus simples et chrétiennes que nous avons très-imparfaitement racontées. Maintenant laissons parler sa mort ; elle sera plus éloquente que tous les discours.

Suivons-le des Pyrénées en Italie (2) ; voilà le rivage où il a choisi son séjour. Entrons dans sa demeure ; il est sur le lit de

(1) Nous devons citer l'article publié par M. Collombet dans le dernier numéro de cette revue. Ce travail, que nous n'avons point prétendu refaire, mais auquel nous avons ajouté seulement quelques souvenirs personnels, est une excellente biographie. Nous avons lu de même avec un religieux intérêt l'article inséré dans le journal *l'Assemblée nationale* du 8 octobre dernier par M. Nourrisson, un des plus dignes élèves de M. Ozanam.

(2) Bien que nous ne parlions pas ici comme témoin, nous pouvons certifier l'entière et parfaite authenticité de ce dernier récit.

ses souffrances. Un de ses frères veille ; il a vu le malade pleurer dans l'ombre. « Pourquoi es-tu si triste ? lui demande-t-il en l'embrassant ; ne vois-tu pas tes frères auprès de toi ? Tu vas mieux ; bientôt nous reviendrons en France. » Mais lui, d'une voix pleine de pleurs : « Ah ! cher frère, quand je songe à la passion de « notre Seigneur, quand je songe que ce sont nos péchés qui lui « ont causé tant de souffrances, non, je ne puis retenir mes « larmes ! »

Cependant de pieux enfants de saint Vincent de Paul l'entouraient de soins : « Dieu est bon, disait-il alors ; s'il me châtie « d'une main, il me soutient des deux. » Quelques rayons d'espérance semblèrent même briller au milieu de ces épais nuages, aussi trompeurs que ceux dont, peu de mois auparavant, il avait célébré la joie dans ces vers pleins de mélancolie ; on nous a permis de les transcrire :

Sur l'écueil de San-Jacopo, le 23 juin 1853.

Sur un écueil lointain notre nef échouée
Attend le flot sauveur qui la ramène au port,
Et la madone à qui la barque fut vouée
Semble sourde à nos vœux, et l'enfant Jésus dort.

Pourtant, voici douze ans, sous ce doux patronage
Nous partions pleins d'espoir ; des fleurs ornaient ton front;
Et bientôt, pour charmer, pour bénir le voyage,
A la poupe s'assit un petit ange blond.

Depuis ce temps, le ciel s'est noirci sur nos têtes,
Les vents ont ballotté notre esquif nuit et jour ;
Mais nous n'avons pas vu si cruelles tempêtes,
Climats si rigoureux où s'éteignît l'amour.

Non, non, je ne veux plus craindre sous votre garde,
Compagne de l'exil que Dieu me prépara.
Déjà d'un œil clément la Vierge nous regarde...
Tout à l'heure l'enfant Jésus s'éveillera.

Et sa main nous poussant sur une mer calmée,
Sans peur et sans effort nous toucherons enfin
Au bord où nos amis, foule ardente et charmée,
Signalent notre voile et nous tendent la main.

Hélas ! retenons nos plaintes... nous ne devions plus le revoir !

Cependant on voulut profiter de ces instants meilleurs, et l'on décida de revenir en France. Tous les préparatifs étaient terminés ; on allait partir. Avant de quitter sa demeure, le malade s'arrête encore sur le seuil de la porte, et jetant un dernier regard sur cette chambre qu'il aimait parce qu'il y avait souffert : « Mon Dieu ! s'écria-t-il, je vous remercie des souffrances et des « afflictions que vous m'avez données dans cette demeure... Ac-« ceptez-les en expiation de mes péchés. » Puis, se tournant vers sa noble et pieuse femme : « Je veux qu'avec moi tu bénisses « Dieu de nos douleurs. » Et, se jetant dans ses bras, il ajoutait : « Je le bénis aussi des consolations qu'il m'a données. »

Deux jours après, il débarquait à Marseille. Il était calme et ne souffrait plus. La main de Dieu cessa dès lors de s'appesantir, et, bien que la mort fût dans toutes les pensées, il y eut place au milieu de ces cœurs brisés pour une sorte de bonheur qui n'était plus de la terre. M. Ozanam reçut les derniers sacrements de l'Église dans la parfaite plénitude de sa raison. Comme son confesseur lui disait : « Ayez confiance en Dieu, vous n'avez point à le craindre, » il répondit vivement : « Et pourquoi le craindrais-« je, mon Dieu ? je l'aime tant !... »

Il commença de s'endormir alors d'un sommeil paisible, dont il ne se réveillait plus que pour remercier ses frères de leurs soins, pour donner ses derniers embrassements d'époux et passer encore sa main défaillante sur la blonde chevelure d'une jeune enfant qu'on présentait à ses bénédictions. Le matin du dernier jour, il sembla se réveiller, ouvrit les yeux, étendit les bras et dit avec force : « Mon Dieu, mon Dieu, ayez pitié de « moi ! » C'était presque la parole du Christ. Il rentra dès lors dans son repos... il sommeillait doucement...

Quand il s'éveilla, il était environné d'anges aux pieds des trônes de Dieu.

<hr>

Nous avons lu écrites dans le testament de M. Ozanam les lignes suivantes :

« Je sollicite les prières de tous les miens, de la société de « Saint-Vincent de Paul, de mes amis de Lyon. *Ne vous laissez* « *pas ralentir par ceux qui vous diront : Il est au ciel ; priez*

« *toujours pour celui qui vous aime beaucoup, mais qui a beau-*
« *coup péché.* Aidé de vos supplications, chers bien-aimés, je
« quitterai la terre avec moins de crainte. J'espère fermement
« que nous ne nous séparons point, et que je reste avec vous jus-
« qu'à ce que vous veniez à moi. »

Nous avons donc un devoir à remplir. Nous prions ceux qui
nous ont lu et qui n'ont pas été insensibles à ces récits de respecter l'intention dernière de celui que nous pleurons, de ne pas
s'arrêter aux espérances certaines que donne sa belle vie, mais
de demander très-humblement à Dieu le repos de son âme.

M. Frédéric Ozanam est mort à Marseille le 8 septembre 1853,
fête de la Nativité de la Vierge ; il venait d'atteindre sa qua-
rantième année.

HENRI PERREYVE.

Lyon. — Imp. de GIRARD et JOSSERAND, rue St-Dominique, 13.